Hillary Rodham Clinton

Primera dama, senadora y secretaria de estado

Melissa Carosella

Asesor

Marcus McArthur, Ph.D.
Departamento de Historia
Saint Louis University

Créditos de publicación

Dona Herweck Rice, *editora en jefe*
Lee Aucoin, *directora creativa*
Chris McIntyre, M.A.Ed., *directora editorial*
Torrey Maloof, *editora asociada*
Neri García, *diseñador principal*
Stephanie Reid, *investigadora de fotos*
Rachelle Cracchiolo, M.A.Ed., *editora comercial*

Créditos de imágenes

Teacher Created Materials

5301 Oceanus Drive
Huntington Beach, CA 92649-1030
http://www.tcmpub.com

ISBN 978-1-4938-1671-2

© 2016 Teacher Created Materials, Inc.

Índice

A menudo la primera

Durante muchos años, Hillary Rodham Clinton ha ayudado a las personas de Estados Unidos. También ayuda a personas de otros países. Lucha por los derechos humanos en todo el mundo.

Hillary ayuda a los niños y apoya a las fuerzas armadas. Trabaja mucho para salvar el medio ambiente y **se esfuerza** por lograr la paz mundial.

Hace más de 40 años que Hillary sirve al público. A lo largo de ese tiempo, consiguió varias veces ser la "primera". Fue la primera estudiante de Wellesley College en convertirse en **oradora de graduación**. Esto quiere decir que fue la primera estudiante en la historia de la universidad en dar el discurso de graduación. Hillary fue también la primera abogada mujer que trabajó para la Corporación de Servicios Legales. Esta corporación se asegura de que todos los estadounidenses reciban servicios legales justos, incluso si no pueden pagarlos. Hillary fue también la primera mujer en ser senadora por el estado de Nueva York y la primera ex primera dama en ser candidata a presidente.

Hillary sentó muchos **precedentes** a lo largo de su carrera profesional y continúa haciéndolo. En el 2009, se convirtió en **secretaria de estado** de Estados Unidos. ¡Esta es la historia de cómo llegó hasta allí!

Asuntos importantes

En 1996, Hillary escribió su primer libro llamado *Se necesita una aldea: Y otras lecciones que nos enseñan los niños.* En el libro, Hillary escribió sobre la importancia de una comunidad sólida en la vida de los niños. Su libro puso de relevancia asuntos sobre las familias y los niños sanos. Vendió tantas copias que llegó a la lista de libros más vendidos del periódico The New York Times.

Un póster de la campaña presidencial de Hillary en el 2008

La senadora Hillary Rodham Clinton firma copias de su primer libro para sus seguidores.

Primeras enseñanzas

Infancia

Hillary Rodham nació cerca de Chicago, Illinois, en 1947. Creció con sus padres y dos hermanos menores. El padre de Hillary les enseñó a sus hijos a trabajar arduamente y ser responsables. La madre de Hillary les enseñó a sus tres hijos a preocuparse por los demás y ayudar a los necesitados. Sus padres también le enseñaron el valor de una buena educación.

Hillary de pequeña

Hillary nunca olvidó las enseñanzas de sus padres. Estudió mucho para obtener buenas notas en la escuela y siempre intentó ayudar a quienes estaban a su alrededor. En sexto grado, Hillary se unió a la patrulla de seguridad escolar para ayudar a los niños más pequeños a cruzar la calle. Organizó grupos en el barrio para recaudar dinero para organizaciones de beneficencia. Hillary también participó en el consejo estudiantil y fue vicepresidente de su escuela secundaria.

La familia de Hillary pertenecía a la iglesia **metodista**. Disfrutaba de ir a catequesis y de los grupos de jóvenes de la iglesia. En 1962, el **pastor juvenil** de Hillary llevó al grupo de la iglesia a que escucharan un discurso del Dr. Martin Luther King Jr. El discurso hablaba sobre la igualdad. Hillary siempre recordó haber escuchado el discurso del Dr. King y no olvidó sus palabras cuando creció.

Primeros sueños

Cuando era pequeña, Hillary quería ser astronauta. Escribió una carta a la Administración Nacional de Aeronáutica y el Espacio (NASA) contando su sueño. Le respondieron diciéndole que las niñas no podían ser astronautas. Desde ese momento, Hillary se apasionó por superar los obstáculos de su camino y quiso ayudar a otros a hacer lo mismo.

Igualdad para todos

Hillary y su grupo de jóvenes se reunían para hablar sobre cosas que eran importantes para ellos. Hablaban sobre el movimiento por los derechos civiles y sobre el Dr. Martin Luther King Jr. Hillary quería que todos fueran tratados justamente. Incluso, era miembro de un grupo de estudiantes que ayudaba a que las diferentes razas de la escuela secundaria se llevaran bien.

Hillary en la escuela secundaria

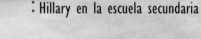

La Marcha sobre Washington por los derechos civiles de 1963

Lejos de casa

En 1965, Hillary se inscribió en Wellesley College. Wellesley College es una universidad solo para mujeres, cerca de Boston, Massachusetts. Hillary tenía muchas compañeras de clases de todo el país. Conoció a otras jóvenes talentosas y ambiciosas. Al principio, Hillary pensó que a lo mejor no pertenecía a ese lugar. Las clases eran un desafío y vivía lejos de casa.

Hillary pronto conoció maestros y amigos inspiradores. Comenzó a sentirse más cómoda allí. Hillary era muy inteligente y obtenía buenas calificaciones. Se unió a grupos de estudiantes y participó como presidente de la Asociación de Gobierno de la escuela. Algunas de sus compañeras pensaban que Hillary podría convertirse en presidente de Estados Unidos algún día.

En 1969, Hillary se graduó de la universidad y fue una de las mejores estudiantes de su clase. Ahora debía decidir qué haría con su vida. Hillary recordó las enseñanzas de sus padres acerca de trabajar arduamente y ayudar a los demás. Decidió convertirse en abogada. Pensó que ser abogada significaría que podría usar la ley para ayudar a los necesitados.

Hillary (segunda desde la izquierda) se gradúa de Wellesley College.

8

Wellesley College

Wellesley College

En el siglo XIX, muchas personas creían que no era necesario que las mujeres estudiaran. En 1870, se fundó Wellesley College. Era una universidad especial porque era solo para mujeres. En la actualidad, Wellesley sigue siendo solo para mujeres. Es muy difícil ingresar. Las estudiantes deben tener excelentes calificaciones. Allí estudian mujeres de más de 60 países.

Hillary (centro) en
Wellesley College

Un discurso memorable

Hillary dio el discurso de graduación de su clase. Fue un discurso memorable. La audiencia la ovacionó de pie. La revista *LIFE* hizo un artículo acerca de su discurso y los programas de televisión entrevistaron a Hillary sobre su discurso y sus ideas.

Elección de una escuela de derecho

Hillary podía elegir entre ir a la Escuela de Derecho de Harvard o a la de Yale. En su libro *Historia viva,* Hillary explica por qué eligió Yale. Al momento de decidirse, había conocido a un profesor de Harvard. Él le había dicho que creía que Harvard ya no necesitaba más mujeres estudiantes. Hillary no quería ir a una universidad en la que no querían ni valoraban a las mujeres. Entonces, eligió ir a Yale.

Estudiante exitosa

Hillary dedicó mucho tiempo al voluntariado mientras estaba en la escuela de derecho, pero también debía ir a clases y estudiar mucho. Obtuvo excelentes calificaciones y formó parte de la Junta de Editores para la revista *Yale Law Review and Social Action.* Era una revista publicada por los estudiantes de la Escuela de Derecho de Yale. Era un gran honor trabajar en la revista.

Abogada

Después de la universidad, Hillary se inscribió en la Escuela de Derecho de Yale. Hillary y muchos estudiantes de Yale estaban interesados en el **servicio público**. El servicio público consiste en ayudar a otras personas.

Hillary dedicaba sus vacaciones de verano al **voluntariado**. Investigó sobre los trabajadores rurales **migrantes** que trabajaban en los campos de Estados Unidos. Descubrió que estos trabajadores no tenían casas seguras. No tenían médicos. Los trabajadores amaban a sus hijos, pero por su trabajo, les resultaba difícil cuidarlos. Hillary quería que eso cambiara. Estaba aprendiendo sobre la vida de los trabajadores rurales para que se pudieran crear leyes que los ayudaran.

Trabajadores rurales migrantes

Escuela de Derecho de Yale

Un verano, Hillary trabajó como voluntaria en un hospital. Conoció a muchos niños pequeños de familias pobres. Hillary se interesó en cómo la ley podía proteger a los niños. Trabajó con los médicos y los enfermeros para encontrar formas de ayudar a los niños **maltratados** o que eran lastimados. En ese momento, proteger a los niños de los maltratos era una idea nueva.

El trabajo de voluntariado de Hillary le demostró que mucha gente necesitaba su ayuda. Hillary se graduó de la escuela de derecho en 1973. Ahora que era abogada, podría hacer más para ayudar a los necesitados.

La vida en Arkansas

Seguir el corazón

En 1971, mientras estaba en Yale, Hillary conoció a otro estudiante de derecho que trabajaba mucho y se preocupaba por los demás. Su nombre era Bill Clinton. Tanto Bill como Hillary eran voluntarios y trabajaban en bufetes de abogados. Cuando se graduaron, Bill le propuso matrimonio. Hillary dijo que no. Quería seguir estudiando.

Mientras estaba estudiando, Hillary comenzó a trabajar en el Fondo para la Defensa de los Niños. Este grupo se asegura de que los niños crezcan en hogares seguros y que puedan asistir a buenas escuelas. Hillary continuó trabajando en este grupo durante muchos años.

En 1975, Hillary obtuvo su título de **posgrado**. Ahora que había terminado de estudiar, Hillary se casó con Bill. Al año siguiente, Bill fue elegido **procurador general** de Arkansas. La pareja se mudó a Little Rock, la capital del estado.

La casa de Bill y Hillary en Little Rock, Arkansas

Hillary (a la derecha) trabaja como abogada en 1974.

De un caso a todo el estado

La experiencia de Hillary con el caso de los padres de acogida la hizo darse cuenta de que muchos niños en el estado necesitaban su ayuda. Reconoció que el estado de Arkansas necesitaba una organización que ayudara a todos los niños. Así es como Hillary contribuyó a fundar Defensores de Niños y Familias de Arkansas. El objetivo de esta organización es ayudar a todos los niños del estado de Arkansas.

Padres de acogida

Algunos niños no viven en hogares seguros ni estables. Cuando eso sucede, la policía y los tribunales intentan ayudar. Envían a los niños a vivir con otros adultos, llamados padres de acogida, que quieren cuidarlos y criarlos. Los tribunales quieren que estos niños crezcan en entornos seguros y que reciban una buena educación. Los padres de acogida se aseguran de que esto sea así.

En Little Rock, Hillary encontró un nuevo trabajo como abogada en el bufete Rose Law Firm. En uno de sus casos, Hillary ayudó a unos padres de acogida a adoptar a una niña. Los padres de acogida ayudan a criar a un niño cuando sus propios padres no pueden hacerlo. Los padres de acogida habían cuidado a la niña durante más de dos años. En 1976, Arkansas no permitía que los padres de acogida adoptaran a los niños que cuidaban. Pero el equipo de Hillary ganó el caso y la niña fue adoptada.

El caso de la niña adoptada motivó a Hillary. Quería ayudar a más niños. Como abogada, a veces trabajaba **pro bono**. Eso quiere decir que trabajaba gratis. La mayoría de los casos pro bono de Hillary estaban relacionados con los niños.

Problemas en la atención médica

Algo que Hillary aprendió acerca de la atención médica en Arkansas era que la gente de las ciudades siempre recibía una mejor atención médica que quienes vivían en áreas **rurales**, o en el campo. Uno de los motivos era que las personas de la ciudad tenían más dinero para pagarles a los médicos. Por esto, los médicos instalaban sus consultorios en las grandes ciudades.

Directora

En 1977, Hillary estaba ayudando a otro grupo en Washington D. C. El presidente de Estados Unidos, Jimmy Carter, le había pedido que ayudara a un grupo llamado Corporación de Servicios Legales. Esta corporación se aseguraba de que las personas que no tenían mucho dinero pudieran tener buenos abogados si necesitaban ayuda legal. Hillary fue **directora** de este grupo hasta 1981.

Ayudar a los niños y mejorar la salud pública

En 1978, Bill Clinton fue elegido gobernador de Arkansas. Bill tenía que encontrar la forma de ayudar a que las personas de Arkansas se mantuvieran saludables. Necesitaba a alguien inteligente que lo ayudara. Decidió que la persona adecuada para hacer el trabajo era su esposa.

La **atención médica** es cuando las personas reciben tratamiento de un médico o medicamentos para estar sanos. Bill puso a Hillary a cargo de un comité, o grupo, de atención médica. En Arkansas, era difícil para las personas que no vivían en las ciudades recibir atención médica. El comité de Hillary encontró formas para que más personas tuvieran una mejor atención y estuvieran más sanas.

el Presidente Jimmy Carter

El gobernador Bill Clinton y Hillary Rodham Clinton con el presidente Reagan y la primera dama, Nancy Reagan, en la cena para los gobernadores estatales en la Casa Blanca

el bufete Rose Law Firm

Hillary continuaba también con su trabajo en el Fondo para la Defensa de los Niños. Viajaba a Washington D. C. varias veces al año para presidir las reuniones del grupo. Hillary no recibía un salario por su trabajo en la atención médica o por los derechos de los niños. Lo hacía gratis porque quería que otras personas tuvieran una mejor vida.

En ese entonces, Hillary seguía trabajando para el bufete Rose Law Firm y ya la habían hecho **socia**. Fue la primera mujer en obtener el cargo en ese bufete.

Bill y Hillary con Chelsea recién nacida

Su propia hija

El 27 de febrero de 1980, Hillary se convirtió en madre. Había nacido la única hija de Bill y Hillary, Chelsea Victoria Clinton. Cuando nació Chelsea, Hillary pudo tomarse un tiempo de descanso y cuidar a su bebé recién nacida. Se quedó en casa durante cuatro meses antes de regresar al trabajo.

Fue en este tiempo que Hillary se dio cuenta de que muchos padres primerizos no tienen la oportunidad de quedarse en casa con sus bebés recién nacidos. La mayoría de los padres debían regresar al trabajo de inmediato. Los Clinton querían que eso cambiara para que las familias pudieran cuidar a sus niños pequeños. Lograrían este objetivo más adelante en sus carreras profesionales.

En ese entonces, Bill estaba postulándose para la **reelección**. Quería seguir siendo gobernador de Arkansas. Pero Bill no ganó las elecciones. Después de perder las elecciones, la familia comenzó una nueva vida en Little Rock. Dos años más tarde, Bill se postuló para gobernador nuevamente. Hillary decidió regresar a la **campaña electoral** para ayudar a su esposo.

Hillary viajó por todo el estado dando discursos a favor de Bill. En 1982, Bill ganó la elección y fue nuevamente gobernador. La familia Clinton se mudó de nuevo a la **Mansión del Gobernador**.

Otra primera vez

Para que naciera Chelsea, tuvieron que operar a Hillary. Bill quería estar en el quirófano con su esposa. Quería estar allí cuando naciera su hija. Sin embargo, las normas del hospital lo prohibían. Pero Bill insistió hasta que le permitieron quedarse. Esta fue la primera vez que un padre estaba en el quirófano de un hospital. Después del nacimiento de Chelsea, el hospital cambió las reglas para que todos los padres pudieran estar presentes cuando nacieran sus hijos.

En casa

En 1993, el primer **proyecto de ley** que el presidente Bill Clinton firmó y convirtió en ley fue la Ley de Licencia Familiar y Médica. Esta ley hizo que fuera más fácil que los padres se quedaran en casa con sus bebés recién nacidos. Los padres podían ahora tomarse hasta 12 semanas de licencia sin perder su trabajo.

Hillary, Bill y Chelsea durante la campaña de Bill

Primera dama

Un nuevo papel

Mientras su esposo era gobernador, Hillary continuó con su trabajo en el bufete Rose Law Firm. Luchó por una mejor educación para los niños y por los derechos civiles de los menos afortunados. Hillary era una abogada muy exitosa.

En 1992, Bill decidió postularse a la presidencia de los Estados Unidos. ¡Su campaña fue un éxito! En 1993, Bill juró y se convirtió en el 42.º presidente. Hillary se convirtió en primera dama.

Al igual que en Arkansas, Bill le pidió a Hillary que trabajara para mejorar la atención médica. Pero esta vez, lo haría para todo el país. Cuando Hillary llegó a la Casa Blanca, se enteró de que las oficinas estaban divididas en dos partes. En el ala oeste se encontraba la oficina del presidente. En el ala este se encontraba la oficina de la primera dama. Hillary modificó esto.

Debido a que Hillary iba a estar trabajando para mejorar el sistema de atención médica de la nación, quería una oficina más cercana al presidente. Pidió que le prepararan una oficina en el ala oeste. Usaba su oficina en el ala este para sus otros trabajos como primera dama.

la Primera dama Hillary Rodham Clinton

De nuevo primera

Hillary fue la primera primera dama de la Casa Blanca en tener un título de posgrado además de un título en derecho. También fue la primera en tener su propia carrera antes de trabajar con el presidente. Su carrera como abogada la ayudó a convertirse en una de las primeras damas más exitosas de la historia.

Bill, Chelsea y Hillary en la campaña electoral presidencial de 1992

La oficina en el ala oeste

Cuando Hillary pidió tener una oficina en el ala oeste, la gente no supo qué pensar. Ninguna otra primera dama había trabajado antes en el ala oeste. Algunos creyeron que era una gran idea. Otros pensaron que Hillary no pertenecía al ala oeste.

Hillary y Bill en la Casa Blanca en 1993

Mejorar la atención médica de la nación

El presidente le dio a su primera dama una tarea muy importante. Bill quería que Hillary mejorara el sistema de atención médica de la nación. Los Clinton creían que todos los estadounidenses debían poder ir al médico y tener mejor salud. Querían ayudar a quienes no podían pagar la atención de un médico.

Hillary viajó por todo Estados Unidos. En todos los lugares a los que iba, hablaba con la gente sobre su salud. Supo que algunas personas no podían pagar las consultas médicas. Muchas personas usaban todo su dinero para pagar las cuentas del hospital. Algunas no podían pagar los medicamentos que necesitaban. Hillary quería que estas personas recibieran una mejor atención. Usó lo que aprendió y preparó un plan para cambiar la atención médica en Estados Unidos. Esperaba que fuera un buen plan.

La primera dama Hillary Rodham Clinton habla sobre asuntos de la atención médica.

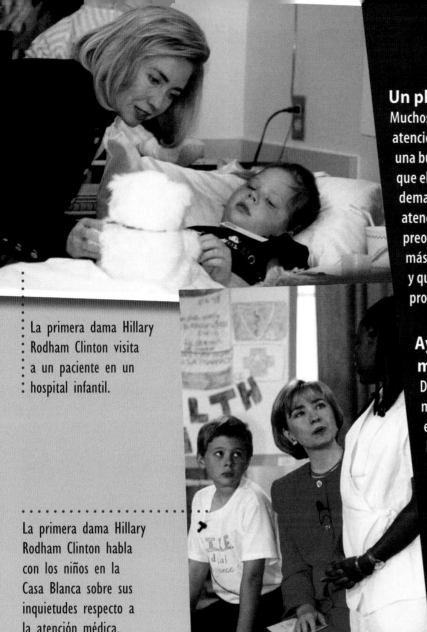

Un plan fallido

Muchos creían que el plan de atención médica de Hillary no era una buena idea. Algunos decían que el plan le daba al gobierno demasiado control sobre la atención médica. A otros les preocupaba que debían pagar más dinero por el nuevo plan y que no podían elegir a sus propios médicos.

La primera dama Hillary Rodham Clinton visita a un paciente en un hospital infantil.

La primera dama Hillary Rodham Clinton habla con los niños en la Casa Blanca sobre sus inquietudes respecto a la atención médica.

Ayuda a las nuevas madres

Después de dar a luz, una mujer podía quedarse en el hospital durante solo 24 horas. Hillary trabajó para cambiar la ley de manera que las mujeres pudieran recuperarse en el hospital durante más tiempo. Al permanecer más tiempo en el hospital, los médicos podían examinar más de cerca a los bebés. Las madres también podían descansar mejor antes de tener que regresar a casa con el recién nacido.

Al final, Hillary no consiguió que suficientes personas votaran a favor del plan. No obstante, hizo que la gente comenzara a hablar sobre un cambio en la atención médica. Les enseñó por qué creía que era necesario un cambio.

Frase famosa

En su discurso de 1995 en la Conferencia de la Mujer en China, Hillary dijo: "Que los derechos humanos sean los derechos de la mujer y que los derechos de la mujer sean derechos humanos, de una vez y para siempre". Hillary creía que a las mujeres no se les podían negar los derechos humanos básicos simplemente porque eran mujeres. Quería que todas las personas tuvieran los mismos derechos.

Hillary y Chelsea visitan Bangladés.

Voces Vitales

Hillary contribuyó a fundar una organización llamada Voces Vitales. La organización fomenta la participación de las mujeres en la política de su país.

Hillary Rodham Clinton en un discurso en la primera conferencia de Voces Vitales.

BELFAST, NORTHERN IRELAND
WEDNESDAY, SEPTEMBER 2ND, 1998

VITAL VOICES
WOMEN
DEMOCRA

VITAL VOICES
WOMEN IN
DEMOCRACY

Mujeres de todo el mundo

La atención médica no fue lo único en lo que Hillary trabajó mientras estuvo en la Casa Blanca. Hillary también viajó a muchos países del mundo. Quería aprender sobre las diferentes personas. Fue a grandes ciudades y pequeñas aldeas. Aprendió cómo vivían otras personas en otras partes del mundo.

Algo que Hillary notó era que a las mujeres se les trataba muy diferente en otros países. Fue a lugares donde las mujeres no tenían derechos. No tenían la libertad de tomar decisiones sobre sus

La primera dama Hillary Rodham Clinton habla en la Conferencia de la Mujer en China en 1995.

propias vidas. Hillary quería ayudar a las mujeres que no tenían estos derechos. Pero sabía que no podía cambiar todos estos problemas sola. Entonces, comenzó a compartir historias sobre sus viajes con otras personas. Viajó por todo el mundo y dio muchos discursos sobre los derechos de la mujer.

En 1995, en una conferencia internacional sobre la mujer en China, Hillary dio un discurso muy memorable. Habló sobre cómo todas las mujeres deben poder ir a la escuela, votar y elegir qué hacer con su vida. Su discurso fue celebrado y se recuerda en la actualidad.

Senadora

Bill Clinton fue presidente durante ocho años. Para el año 2000, había un nuevo presidente. La familia Clinton decidió mudarse a Nueva York. Hillary quería continuar su lucha por los derechos humanos, por lo que decidió postularse a un cargo político. Quería convertirse en **senadora** por el estado de Nueva York.

Hillary Rodham Clinton se postula para el Senado en Nueva York.

Algunos pensaban que Hillary no debía ser senadora de Nueva York porque nunca antes había vivido allí. Otros creían que no sabía lo que los habitantes de Nueva York necesitaban. Entonces Hillary hizo una "gira de escucha". Viajó por todo el estado y escuchó las historias de las personas. Quería escuchar de primera mano lo que las personas de Nueva York querían y necesitaban de un senador. Hillary sabía que podía ayudarlas.

En el 2001, ¡Hillary ganó las elecciones! Se convirtió en senadora de Estados Unidos. Esto quiere decir que podía contribuir a crear leyes que ayudaran a los habitantes de Nueva York. En el 2006, Hillary fue reelegida como senadora de Nueva York. Los habitantes de Nueva York pensaron que estaba haciendo un buen trabajo y querían que continuara siendo su senadora.

Seguidores de Hillary Rodham Clinton

Daños ocasionados por los ataques terroristas al World Trade Center en Nueva York en el 2001

¿Qué es un senador?

Cada estado tiene dos senadores. Estas personas son elegidas para ir a Washington D. C. a representar a su estado. Mientras están en Washington D. C., los senadores contribuyen a crear leyes y dirigir el país. Los senadores tienen que pensar en qué es bueno para el país. También tienen que pensar en qué es bueno para su propio estado.

Nuevos objetivos

Como senadora, Hillary quería una mejor atención médica para los soldados que eran heridos en la guerra. También quería ayudar a reconstruir la ciudad de Nueva York. La ciudad había sufrido un gran daño como resultado de los ataques terroristas del 11 de septiembre del 2001.

Candidata a la presidencia

Hillary Rodham Clinton en la campaña electoral presidencial

Hillary contra Obama

Un candidato que se postula a presidente debe decidir si quiere representar al partido republicano o al demócrata. Después, debe ganar la mayor cantidad de elecciones en su partido. Estas elecciones se conocen como **primarias**. Hillary y Barack Obama son ambos demócratas. Obama le ganó a Hillary en las primarias, entonces pudo postularse a presidente por el partido demócrata.

No fue la primera

Hillary es la mujer más memorable que se ha postulado a la presidencia de Estados Unidos y su campaña fue la más exitosa. No obstante, no fue la primera. Victoria Woodhull se postuló a la presidencia en 1872. ¡Las mujeres de Estados Unidos ni siquiera pudieron votar hasta 1920!

A Hillary le gustaba su trabajo como senadora, pero quería hacer más por su país. Decidió que era hora de postularse a la presidencia.

Hillary Rodham Clinton da un discurso en la Convención Demócrata Nacional en el 2008.

Hillary comenzó su campaña en el 2007. Viajó por todo Estados Unidos. Escuchó a la gente y les dijo lo que haría si llegara a ser presidente. Hillary quería crear más trabajos para ayudar a las familias y mejorar la economía. Quería arreglar las escuelas para que los niños recibieran una mejor educación. Y quería que más personas tuvieran atención médica.

Para continuar el camino a la presidencia, Hillary debía ser la **candidata** demócrata oficial. Esto significaba que debía ganarle al senador de Illinois, Barack Obama. Para ser candidata, Hillary necesitaba 2,118 votos de un grupo de personas llamados **delegados**. Obtuvo 1,896 delegados. Estuvo cerca, pero no fue suficiente. Ganó el senador Obama. En lugar de tener la primera presidente mujer en su historia, Estados Unidos tuvo su primer presidente afroamericano.

Secretaria de estado Hillary Rodham Clinton

Hillary Rodham Clinton habla en Chicago después de ser nominada para secretaria de estado por el presidente electo Barack Obama.

Hillary no ganó la presidencia, pero aún tenía la oportunidad de ayudar a millones de personas. El 21 de enero del 2009, el presidente Obama eligió a Hillary Rodham Clinton para que fuera la 67.ª secretaria de estado. Representaría a Estados Unidos y trabajaría con personas de todo el mundo.

Ser secretaria de estado es un trabajo muy importante. Esta persona ayuda al presidente a determinar cómo debe trabajar Estados Unidos con otros países. El presidente puede elegir quién será el secretario de estado. No obstante, el Senado debe determinar si la elección es correcta.

La secretaria Clinton trabaja junto al presidente Obama todos los días. Juntos, deciden qué debe hacer Estados Unidos con los demás países. También deciden cómo puede ayudar Estados Unidos a las personas de esos países.

La secretaria de estado Hillary Rodham Clinton con la ex secretaria de estado Madeleine Albright

¿Por qué eligieron a Hillary?

El presidente Obama eligió a Hillary para que fuera secretaria de estado por varios motivos. Tenía mucha experiencia viajando a diferentes lugares y ayudando a otras personas. También tenía un fuerte deseo de asegurarse de que las personas de otros países tuvieran un trato justo. El presidente Obama también estaba de acuerdo con muchas de las opiniones de Hillary respecto a la política exterior.

Otros secretarios

El primer secretario de estado fue Thomas Jefferson. La primera secretaria de estado fue Madeleine Albright. Fue elegida en 1997 por el presidente Bill Clinton. Las dos mujeres trabajaron juntas cuando Hillary era primera dama. Ambas asistieron a Wellesley College, pero no al mismo tiempo.

Durante su carrera, Hillary trabajó mucho para ayudar a otras personas. Contribuyó a que las personas recibieran atención médica. Ayudó a cambiar las leyes para proteger a los niños. Contribuyó a garantizar que todas las personas fueran tratadas con justicia. Su arduo trabajo y noble corazón la convirtieron de una niña pequeña con ganas de ayudar en una líder influyente que está cambiando el mundo.

Glosario

atención médica: el campo relacionado con la salud del cuerpo

campaña electoral: una serie de eventos en los que un político da discursos en diferentes lugares para ganar una elección

candidata: una persona que quiere ganar una carrera política

delegados: personas que pueden dar votos especiales para decidir quién será un candidato presidencial

directora: la líder de una junta, comité o grupo

maltratados: ser atacados física o verbalmente

Mansión del Gobernador: casa donde vive la familia del gobernador

metodista: parte de la Iglesia protestante

migrantes: personas que se van de un lugar para establecerse en otro por trabajo

oradora de graduación: una persona que pronuncia un discurso en la graduación

pastor juvenil: ministro o sacerdote capacitado para trabajar con adultos jóvenes

posgrado: estudios avanzados en una universidad después de haberse graduado de una facultad universitaria

precedentes: decisiones o actos que sirven de ejemplos para que otras personas los sigan

primarias: elecciones en las que los miembros de un partido político nominan a los candidatos para cargos

pro bono: hacer un trabajo de forma gratuita

procurador general: el funcionario judicial máximo de una nación o estado que representa las cuestiones legales del gobierno

proyecto de ley: una idea que las personas piensan que debería convertirse en ley

reelección: cuando un político quiere volver a ganar su cargo

rurales: relacionados con el campo (personas, vida y agricultura)

se esfuerza: intenta con perseverancia

secretaria de estado: la persona responsable de cómo se relaciona Estados Unidos con otros países

senadora: una de dos personas que cada estado envía a Washington D. C. para crear las leyes

servicio público: trabajar para ayudar a otras personas

socia: una persona que participa en las pérdidas y las ganancias de un negocio

voluntariado: hacer un trabajo que ayuda a otras personas de forma gratuita

Índice analítico

¡Tu turno!

Hillary Clinton ha trabajado mucho por cambiar el mundo. Usó la ley para ayudar a las personas. Continuó ayudando a las personas como primera dama. Después, Hillary se convirtió en secretaria de estado de Estados Unidos.

¿Qué sigue?

Hillary Clinton ha tenido muchas funciones importantes en el gobierno durante su larga carrera profesional. Ha sido abogada, primera dama, senadora de EE. UU., candidata presidencial y secretaria de estado de EE. UU. Imagina las emocionantes funciones y aventuras que Hillary podría tener más adelante. Agrega un capítulo a su biografía para describir lo que crees que hará a continuación en su carrera profesional.